WILLY WERKELs Auto-Buch

Ein Sachbilderbuch für kleine Auto-Fans

Erzählt von George Johansson
Mit Bildern von Jens Ahlbom
Aus dem Schwedischen von Dagmar Brunow

Bauen, tüfteln, konstruieren ...

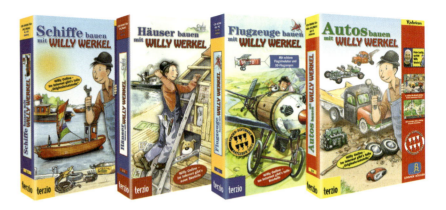

Die beliebten Willy Werkel CD-ROMs für alle kleinen Erfinder ab 6
Mehr dazu unter www.terzio.de

Titel der schwedischen Originalausgabe:
Mulle Meck berättar om bilar
Bokförlaget Natur och Kultur, Stockholm
Für den Text © 2002 George Johansson
Für die Illustrationen © 2002 Jens Ahlbom
Für die deutsche Ausgabe
© Terzio, Möllers & Bellinghausen Verlag GmbH, München 2004

Alle Rechte vorbehalten. Nachdruck, Speicherung in digitalen,
fotomechanischen, elektronischen oder optischen Speichermedien,
auch auszugsweise, bedürfen der schriftlichen Genehmigung des Verlags.
Printed in Germany.

ISBN 3-89835-741-4
1 2 3 4 5   07 06 05 04

Hallo, ich bin Willy Werkel.
Ich bastel und tüftel für mein
Leben gern.
Und das ist Buffa, mein Boxer.
Wir beide lieben Schrott und alten
Krempel – Rumpelkram nenn ich
sowas immer. Deshalb mögen wir
Autos besonders gern. Denn wenn
man es genau nimmt, ist ein Auto
bloß ein Haufen Rumpelkram.
Aber Rumpelkram, der die Welt
verändert hat!
Sollen wir dir etwas über Autos
erzählen?

Stell dir vor, früher gab es noch gar keine Autos. Man fuhr mit Droschken, Kutschen oder Karren, die von Pferden gezogen wurden. Manchmal auch von Ochsen oder Eseln. Immer schön gemächlich ein Huf vor dem anderen …

Die Fuhrwerke kamen nur langsam voran. Man schaffte höchstens ein paar Kilometer in der Stunde.

Wenn die Zugtiere müde wurden, musste man anhalten. Dann ruhten sich die Pferde aus und bekamen Futter und Wasser. An einem Tag kam man nicht weit.

Viele Erfinder zerbrachen sich deshalb den Kopf darüber, wie man ein Fahrzeug bauen konnte, das keine Pausen brauchte.
Wäre es nicht praktisch, ein Fuhrwerk zu haben, das sich selbst antrieb? Einen Wagen, der ganz von allein fahren würde – ein sogenanntes »Auto-Mobil«?

Aber welche Maschine könnte das Pferd ersetzen?
Und wie würde man sie in Gang bringen?
Jahrhundertelang stießen die Erfinder auf mehr
Fragen als Antworten.

Einer von ihnen war der Franzose Nicolas-Joseph Cugnot. Er baute 1769 einen Wagen, der von einer Dampfmaschine angetrieben wurde. Dampfmaschinen arbeiten mit Dampfdruck. Der wird erzeugt, indem man Wasser zum Kochen bringt. Dabei entsteht Wasserdampf.

Cugnot baute eine Dampfmaschine auf einen dreirädrigen Wagen – und hatte so das erste Auto der Welt erfunden, das aus eigener Kraft fahren konnte. Und tatsächlich: es fuhr!

Aber leider hatte Cugnot eine Kleinigkeit vergessen ... die Bremsen!

Später lernten die Menschen, wie man aus der Erde Öl pumpt, wie man aus dem Öl Benzin herstellt und Benzinmotoren baut. Deshalb kam Ende des 19. Jahrhunderts Leben in die Autowerkstätten.
Plötzlich gab es immer mehr Autos auf den Straßen. An Stelle der Zugtiere schufteten ab jetzt die Motoren. Die brauchten statt Wasser und Hafer Benzin. Und sie machten nie schlapp ...
Von nun an durften sich die Pferde ausruhen.

Was war passiert?
Die Erfinder hatten eine wirklich »zündende« Idee gehabt: Wenn man nämlich Benzin und Luft in einem Motor zur Explosion bringt, entsteht dabei eine Kraft, mit der ein Auto fahren kann.
Das ist im Grunde ganz einfach und funktioniert so:
- Benzin und Luft werden in ein Rohr gepumpt.
- Im Rohr bewegt sich ein Kolben auf und ab.
- Der Kolben presst Benzin und Luft zusammen.
- Ein Funke zündet, Benzin und Luft fangen Feuer und explodieren.
- Der Kolben wird zurückgeschoben und setzt eine Kurbelwelle in Gang, die die Räder antreibt.

Und weil früher die Wagen von Pferden gezogen wurden, maß man von nun an die Stärke eines Motors in – ja, richtig, in Pferdestärken, abgekürzt: in PS.

HENRY FORD

Etwa um 1900 kam der Amerikaner Henry Ford auf die Idee, Autos am Fließband zu bauen. Einfach und leicht sollten die Wagen sein. Und wenn er viele Autos auf einmal herstellte, würde er Kosten sparen und die Autos billiger anbieten können.
So erfand Henry Ford ein Auto namens T-Ford. Es hatte 20 PS.

Henry Ford hatte Erfolg: Zum ersten Mal konnten sich mehr Leute ein eigenes Auto leisten.
Der T-Ford wurde zum Vorbild für viele spätere Autos.

Heutzutage können wir uns die Autos aus unserem Leben gar nicht mehr wegdenken.
Manche Autos haben besondere Aufgaben.
Ein Krankenwagen etwa ist wie ein kleines Krankenhaus auf Rädern.
Mit seiner lauten Sirene bahnt er sich den Weg durch den dichten Verkehr.

Polizisten fahren in Polizeiautos.
In ihren Wagen haben sie für alle Fälle
verschiedenen Krempel dabei: Spaten,
Taschenlampen und Handschellen.
Und wenn sie es eilig haben, bahnen sich
Polizeiwagen mit Blaulicht und Sirene
einen Weg durch den Straßenverkehr.

Tatü, tata, die Feuerwehr ist da!
Ein Feuerwehrauto rückt mit blinkendem Blaulicht aus. Jetzt müssen sich die Feuerwehrleute beeilen. Sie sollen Feuer löschen und vielleicht Leben retten. Fast alle modernen Feuerwehrautos haben hohe Leitern und kräftige Spritzen.
Das Wasser wird durch lange Schläuche gepumpt. Damit ihnen Rauch und Qualm nicht so viel anhaben können, benützen die Feuerwehrleute Sauerstoffflaschen und binden sich Schutzmasken um.
Aber manchmal werden sie auch gerufen, um ganz andere Aufgaben zu erledigen …

Es gibt natürlich noch viele andere Fahrzeuge:

Traktoren übernehmen heutzutage auf den Feldern die Arbeit von Pferden und Ochsen.

Tanklaster bringen das Benzin in die Tankstellen.

Zementmischer fahren Zement zu Baustellen.

Langholz-Sattelzüge transportieren
Holz aus dem Wald ins Sägewerk.

Kühltransporter haben
große Gefriertruhen an Bord.
Sie versorgen Kioske und Wohnhäuser
mit Eis und Tiefkühlwaren.

Rennautos sind auch toller Rumpelkram!
Bei den ersten Rennwagen saß der Motor noch vorne. Weil die Wagen groß und klobig waren, gingen die schmalen, dünnen Reifen oft kaputt. Mit 100 PS konnte man schon ziemlich schnell fahren – über 100 Stundenkilometer.
Aber manche Rennautos fuhren noch schneller und das war dann manchmal zu schnell …
Die Fahrer fuhren damals ohne Sicherheitsgurt und sogar ohne Helm! Total verrückt!

Moderne Rennwagen sind schmal, tief liegend und sehen aus wie Pfeile auf Rädern. Ihr Motor sitzt hinten, sie haben mindestens 800 PS und schaffen mehr als 300 Kilometer in der Stunde!

Leider haben Autos aber auch große Nachteile.
Ihre Abgase sind schädlich für Menschen, Tiere und Pflanzen.

Deshalb sind heutzutage wieder die Erfinder gefragt!
Sie versuchen sich umweltfreundlichere Autos
auszudenken. Die zum Beispiel mit Sonnenenergie
fahren oder mit Strom aus der Steckdose.
Eine ideale Lösung haben sie allerdings noch nicht
gefunden. Aber sie sind dran!

Und hier ist mein eigenes Auto. Das hab ich mir aus altem Rumpelkram selbst gebaut. Denn das haben alter Krempel und gute Ideen gemeinsam: je mehr man sie dreht und wendet, desto mehr fällt einem ein, was man damit machen kann.
Mein Auto heißt »Willy Werkel Wk1«. Es hat einen aufgepeppten T-Ford-Motor mit 29 PS und eine extra Solarzelle für den Hilfsmotor. Buffa und ich gehen oft auf Tour und sehen uns die Welt an. Unterwegs kommen uns immer die besten Ideen für neue Erfindungen mit altem Rumpelkram …